BEI GRIN MACHT SICH IHR WISSEN BEZAHLT

- Wir veröffentlichen Ihre Hausarbeit, Bachelor- und Masterarbeit

- Ihr eigenes eBook und Buch - weltweit in allen wichtigen Shops

- Verdienen Sie an jedem Verkauf

Jetzt bei www.GRIN.com hochladen und kostenlos publizieren

Bibliografische Information der Deutschen Nationalbibliothek:

Die Deutsche Bibliothek verzeichnet diese Publikation in der Deutschen Nationalbibliografie; detaillierte bibliografische Daten sind im Internet über http://dnb.d-nb.de/ abrufbar.

Dieses Werk sowie alle darin enthaltenen einzelnen Beiträge und Abbildungen sind urheberrechtlich geschützt. Jede Verwertung, die nicht ausdrücklich vom Urheberrechtsschutz zugelassen ist, bedarf der vorherigen Zustimmung des Verlages. Das gilt insbesondere für Vervielfältigungen, Bearbeitungen, Übersetzungen, Mikroverfilmungen, Auswertungen durch Datenbanken und für die Einspeicherung und Verarbeitung in elektronische Systeme. Alle Rechte, auch die des auszugsweisen Nachdrucks, der fotomechanischen Wiedergabe (einschließlich Mikrokopie) sowie der Auswertung durch Datenbanken oder ähnliche Einrichtungen, vorbehalten.

Impressum:

Copyright © 2016 GRIN Verlag, Open Publishing GmbH
Druck und Bindung: Books on Demand GmbH, Norderstedt Germany
ISBN: 9783668579453

Dieses Buch bei GRIN:

http://www.grin.com/de/e-book/378464/gesundheitsorientiertes-ausdauertraining-diagnose-zielsetzung-und-mesozyklus

Simon Kübler

Gesundheitsorientiertes Ausdauertraining. Diagnose, Zielsetzung und Mesozyklus

GRIN Verlag

GRIN - Your knowledge has value

Der GRIN Verlag publiziert seit 1998 wissenschaftliche Arbeiten von Studenten, Hochschullehrern und anderen Akademikern als eBook und gedrucktes Buch. Die Verlagswebsite www.grin.com ist die ideale Plattform zur Veröffentlichung von Hausarbeiten, Abschlussarbeiten, wissenschaftlichen Aufsätzen, Dissertationen und Fachbüchern.

Besuchen Sie uns im Internet:

http://www.grin.com/

http://www.facebook.com/grincom

http://www.twitter.com/grin_com

Deutsche Hochschule für
Prävention und Gesundheitsmanagement
Hermann Neuberger Sportschule 3
66123 Saarbrücken

Einsendeaufgabe

Fachmodul: Trainingslehre 2

Studiengang: Fitnessökonomie (Bachelor of Arts)

Datum Präsenzphase: 12.12.2016-14.12.2016

Name, Vorname: Kübler

Studienort: Stuttgart

Semester: 3. Fachsemester

Inhaltsverzeichnis

1 DIAGNOSE 3

1.1 Allgemeine und biometrische Daten 3

1.2 Leistungsdiagnostik/Ausdauertestung 5

1.3 Gesundheits- und Leistungsstatus der Person 7

2 ZIELSETZUNG/PROGNOSE 8

3 TRAININGSPLANUNG MESOZYKLUS 10

3.1 Grobplanung Mesozyklus 10

3.2 Detailplanung Mesozyklus 11

3.3 Begründung zum Mesozyklus 12

4 LITERATURRECHERCHE 14

5 LITERATURVERZEICHNIS 18

6 TABELLENVERZEICHNIS 19

1 Diagnose

1.1 Allgemeine und biometrische Daten

Um einen Überblick über den allgemeinen gesundheitlichen Zustand der zu trainierenden Person zu erhalten, gilt es eine Diagnose durchzuführen.

Folgende Tabelle zeigt die allgemeinen sowie biometrischen Daten des Kunden, welche im Eingangsgespräch erfasst wurden. Die Nennung des Probanden wird aus Datenschutzgründen vermieden, hier wird ein frei erfundener Name verwendet, M. Mustermann.

Tab.1: allgemeine biometrische Daten (eigene Darstellung, 2016)

Alter	24
Geschlecht	Männlich
Körpergröße	187
Körpergewicht	84 Kg
BMI	24 Normalgewicht (vgl. Tab. 2, S. 4)
Trainingsmotive	-Eine erhöhte Lebensvitalität und eine Erhöhung der Lebenserwartung.
	-Erste Teilnahme an einem Triathlon (Halbdistanz)
	-Athletische Körperform
Berufliche Tätigkeit	Student
Aktuelle und frühere sportliche Aktivität	Spielt seit 15 Jahren 2-3 mal wöchentlich Fußball, fährt seit 2 Jahren einmal Indoor Cycling (Kurs im Winter, im Sommer 1 mal Schwimmen).
	Zusätzlich seit einem Jahr zweimal wöchentliches Krafttraining.
Leistungsstufe	Freizeitorientiert
Trainingsumfang	Ca. 5-6 Stunden in der Woche
Zeitlicher Verfügungsrahmen	2-3 mal die Woche
Blutdruck	127/81 mmHg
	Optimal <120/80 mmHg (vgl. Tab. 3, S.5)
Ruhepuls	50 S/min überdurchschnittlich gut trainierte Sportler (50-60 S/min).
Orthopädische oder internistische Erkrankun-	keine

gen	
Ärztliche Behandlungen	keine
Einnahme von Medikamenten	keine
Sonstige gesundheitliche Erkrankungen	Nicht vorhanden

Mit einem Alter von 24 Jahren bei einer Körpergröße von 187 cm und einem Gewicht von 84 Kg liegt Herr M. mit einem BMI Wert von 24 (vgl. Tab. 2, S. 4) im Bereich des Normalgewichts. Zusätzlich zum BMI sollte der Taille- Hüft- Quotient und der Körperfettanteil betrachtet werden, da diese Werte Rückschlüsse auf die Fettverteilung geben können. Auch kann geprüft werden, ob ein erhöhtes Risiko für Herz-Kreislauferkrankungen vorliegt.

Von Beruf ist Herr M. Student, sein Alltag ist vom Sport geprägt, sein Trainingsumfang beträgt 5-6 Stunden in der Woche. Aufgeteilt in Fußballtraining, Spinning-Kurs bzw. Schwimmen im Sommer und zweimal wöchentliches Krafttraining.

Der Blutdruck liegt bei 127/81 mmHg und gilt als normal (vgl. Tab. 3, S. 5). Der Ruhepuls liegt bei 50 und ist somit als überdurchschnittlich gut trainierter Sportler einzuordnen.

Der Körperfettanteil liegt bei 13,9 % (11,68 Kg) und kann ebenfalls als normal klassifiziert werden. Normalwert liegt bei Männern zwischen 8-20 % (vgl. Tab. 4, S. 5).

Seine wichtigsten Trainingsziele sind die allgemeine Ausdauer zu verbessern, an einem Triathlon (Halbdistanz) teilzunehmen, eine erhöhte Lebensvitalität und eine athletische Körperform zu bekommen.

Tab. 2: Gewichtsklassifikation bei Erwachsenen anhand des BMI (nach WHO, 2000)

Kategorie	BMI	Risiko für Begleiterkrankungen des Übergewichts
Untergewicht	< 18,5	niedrig
Normalgewicht	18,5 – 24,9	durchschnittlich
Übergewicht	≥ 25.0	
Präadipositas	25 – 29,9	gering erhöht
Adipositas Grad I	30 – 34,9	erhöht
Adipositas Grad II	35 – 39,9	hoch
Adipositas Grad III	≥ 40	sehr hoch

Tab. 3: Blutdruckklassifikationen der Deutschen Hochdruckliga (Stand 12.2016)

Bewertungsstufen	Systolischer Blutdruck	Diastolischer Blutdruck
Normblutdruck (Normotonie)		
optimal	unter 120 mmHg	unter 80 mmHg
normal	Unter 130 mmHg	Unter 85 mmHg
hochnormale	130- 139 mmHg	85- 89 mmHg
Bluthochdruck (arterielle Hypertonie)		
Leichter Bluthochdruck	140- 159 mmHg	90- 99 mmHg
Mittelschwerer Bluthochdruck	160- 179 mmHg	100- 109 mmHg
Schwerer Bluthochdruck	> 180 mmHg	> 110 mmHg

Tab. 4: Klassifikation des Körperfettanteils (KFA) für Erwachsene Frauen und Männer bis 79 Jahre (Gallagher et al., 2000)

Alter (Jahre)	KFA Frauen				KFA Männer			
	niedrig	normal	hoch	sehr hoch	niedrig	normal	hoch	sehr hoch
20-39	< 21 %	21-33 %	33-39 %	≥ 39 %	< 8 %	8-20 %	20-25 %	≥ 25 %
40-59	< 23 %	23-34 %	34-40 %	≥ 40 %	< 11 %	11-22 %	22-28 %	≥ 28 %
60-79	< 24 %	24-36 %	36-42 %	≥ 42 %	< 13 %	13-25 %	25-30 %	≥ 30 %

1.2 Leistungsdiagnostik/Ausdauertestung

Für das bevorstehende Testverfahren muss nun eine geeignete Ausdauertestung vollzogen werden. Werden die biometrischen Daten betrachtet und ausgewertet, so ist der Vita- Maxima- Test die sinnvollste Testmethode. Der Radergometertest wird für gesunde sowie leistungsstarke Personen in der Leistungsdiagnostik verwendet. Ein Vorteil ist, dass der individuelle Ausbelastungsgrad durch den maximalen Ausbelastungstest ermittelt werden kann und somit später zu einer genaueren Festlegung der jeweiligen Trainingsbereiche und den dazugehörigen Herzfrequenzen beiträgt.

Für die Durchführung dieses Tests sollte der Proband zum einen ein hohes Maß an Motivation mitbringen, da dieser bis zur vollständigen Ausbelastung geht, zum Anderen eine uneingeschränkte Gesundheit besitzen. Kontraindikatoren wären beispielsweise Krankheiten, akute fieberhafte Erkrankungen, Entzündungen, Infektionen, organische Schäden, Diabetes Mellitus 2 und Hypertonie.

Das Vorhaben sollte sicherheitshalber mit dem Hausarzt durchgesprochen werden. Als Ergebnis wäre eine schriftliche Unbedenklichkeitserklärung wünschenswert.

Herr M. erfüllt alle Kriterien und kann somit den Test durchführen.

Der Testablauf sieht wie folgt aus:

Die Eingangsbelastung startet mit 50 Watt, nach drei Minuten findet eine Steigerung der Stufe bzw. der Wattzahl um weitere 50 Watt statt. Dies geschieht im Dreiminutentakt bei einer konstanten Trittfrequenz zwischen 80-100 U/min.

Simultan dazu wird jede Minute die Herzfrequenz gemessen und protokolliert. Eine Steigerung findet so lange statt, bis Herr M. vollständig ausbelastet ist. Dieser Zeitpunkt ist dann erreicht, wenn eine subjektive Erschöpfung auftritt oder die Pulsmindestgrenze erreicht wurde (200- Lebensalter). Tritt dies ein, dient die Wattleistung der zuletzt durchfahrenen Belastungsstufe als Referenzgröße und wird mit der Normwerttabelle verglichen. Sofern die Belastungsstufe vorzeitig abgebrochen wird, wird die bisherige Wattleistung zeitinterpoliert. In folgender Tabelle wird der Testverlauf auf dem Radergometer angezeigt.

Tab.5: Testablauf des Vita-Maxima-Test (eigene Darstellung, 2016)

Testform: Vita-Maxima-Test am Radergometer	Stufendauer: 3 Minuten		Pulsobergrenze: 176 S/min (200 - Lebensalter)	
	Eingangsbelastung: 50 Watt		Belastungssteigerung: 50 Watt	
Alter: 24	Gewicht: 84 Kg		Ruhepuls: 50 S/min	
Männlich	Trittfrequenz: 80 - 100 U/min		Blutdruck: 127/81 mmHg	
Zeit	Watt	Herzfrequenz Minute 1	Herzfrequenz Minute 2	Herzfrequenz Minute 3
0-3 Min.	50	61 S/min	65 S/min	67 S/min
4-6 Min.	100	70 S/min	68 S/min	74 S/min
7-9 Min.	150	79 S/min	80 S/min	82 S/min
10-12 Min.	200	91 S/min	99 S/min	103 S/min
13-15 Min.	250	112 S/min	117 S/min	126 S/min
16-18 Min.	300	133 S/min	136 S/min	140 S/min
19-21 Min.	350	156 S/min	168 S/min	173 S/min
21-24 Min.	400	174 S/min	188 S/min	189 S/min
24-27 Min.	450	192 S/min	193 S/min	Testabbruch
Watt gesamt: 433,33 (Zeitinterpoliert)				
Watt/Kg: 5,16				
Bewertung n. Normtabelle: Leistungssportler (Ausdauer)				

Herr M. schafft im Testverlauf insgesamt acht Belastungsstufen, in der Neunten trat nach zwei Minuten eine muskuläre Erschöpfung auf, die schlussendlich zum Testabbruch führte. Die Gesamtleistung von 433,33 Watt (Zeitinterpoliert) wird auf das Körpergewicht heruntergerechnet, somit entsteht eine relative Wattleistung von 5,16 Watt/kg Körpergewicht. Auf folgender Norm-Soll-Leistungstabelle (vgl. Tab. 6, S. 7) zeigt sich, dass Herr M. mit einer relativen Wattleistung von 5.16 Watt/kg Körpergewicht als Leistungssportler (Ausdauer) einzuordnen ist.

Tab.6: Normwerte Vita-Maxima-Test- Relative Watt-Soll-Leistung (Watt pro kg Körpergewicht) für Männer (modifiziert nach Kindermann, 1987, S. 244-268)

Relative Wattleistung pro kg Körpergewicht	Bewertung
3 Watt	Durchschnittliche Ausdauerleistungsfähigkeit (Normalbürger)
4 Watt	Freizeit-bzw. Breitensportler
5 Watt	Leistungssportler (Ausdauer)
6 Watt	Hochleistungssportler (Ausdauer)

1.3 Gesundheits- und Leistungsstatus der Person

Da Herr M. zum Einen keine gesundheitlichen Einschränkungen und zum Anderen eine enorme Leistungsbereitschaft und körperliche Leistungsfähigkeit aufweist, kann mit Herr M. ohne Bedenken jedwede Trainingsmethode durchgeführt werden.

Das Zeitkontingent mit zwei- bis dreimal pro Woche Training (zusätzlich zum bisherigen Training) sollte reichen, um eine Leistungssteigerung und das Erreichen der jeweiligen Ziele schaffen zu können.

Um Überlastungen bzw. ein Übertraining zu vermeiden, sollten unbedingt alle Sporteinheiten die Herr M. pro Woche durchführt gegenüber gestellt werden. Der Grund dafür besteht darin, dass oftmals nicht gut durchdachte und unkontrollierte Trainingstechniken vorherrschen.

2 Zielsetzung/Prognose

In diesem Schritt gilt es für den Probanden aus den von ihm genannten Trainingsmotiven Ziele abzuleiten. Es ist darauf zu achten, dass die anzustrebenden Ziele nachvollziehbar und erreichbar sind, gleichwohl soll es ein gewisses Maß an Anstrengung erfordern. Ziele sind bedeutende Faktoren, um eine beständige Leistungsprogression zu garantieren. Im Eingangsgespräch formulierte Herr M. verschiedene Ziele wie die Bestreitung eines Triathlons (Halbdistanz).

Die abgeleiteten Ziele werden in Grob- und Feinziele unterteilt, somit wird die Aufrechterhaltung der Motivation gewährleistet. Die zentralen Kriterien zur Formulierung der Ziele sind Inhalt, Ausmaß und Zeit. Folgende Tabelle beschreibt die Ziele, welche Herr M. mit den Trainingsmotiven erreichen möchte.

Tab.7: Zielsetzung/Prognose (eigene Darstellung, 2016)

Ziele	Inhalt	Ausmaß	Zeit
Grobziel 1	Blutdrucksenkung	8 mmHg systolisch 3 mmHg diastolisch	3 Monate
Feinziel 1	Blutdrucksenkung	2,7 mmHg systolisch 1 mmHg diastolisch	4 Wochen
Grobziel 2	Ausdauerleistung/ Wattleistung erhöhen	0,3 Watt/Kg	3 Monate
Feinziel 2	Ausdauerleistung/ Wattleistung erhöhen	0,1 Watt/Kg	4 Wochen
Grobziel 3	Körperfettreduktion	3 % =2,52 Kg	3 Monate
Feinziel 3	Körperfettreduktion	1 % =0,84 Kg	4 Wochen

Blutdrucksenkung 1:

Der Proband möchte eine erhöhte Lebensvitalität und eine Erhöhung der Lebenserwartung erreichen. Hierzu wird versucht eine Blutdrucksenkung im systolischen sowie im diastolischen Bereich zu erreichen. Realistische Blutdrucksenkwerte in einem Zeitraum von etwa 3 Monaten sind 10-15 mmHg systolisch und 5-10 mmHg diastolisch (vgl. Reiß, Fikenzer 2013a, S.42).

Die zugrunde liegenden Leistungsparameter von Herr M. zeigen, dass ein durchweg hoher Fitnesszustand vorherrscht. Damit die Werte in den optimalen Bereich (vgl. Tab.

3, S. 5) gelangen, werden die Ziele auf 8 mmHg systolisch und 3 mmHg diastolisch herunter geschraubt und sollten demnach erreichbar sein.

Ausdauerleistung/Wattleistung erhöhen 2:
Ein weiteres bedeutsames Motiv ist eine Teilnahme an einem Triathlon (Halbdistanz). Folgende zurück zu legende Distanzen sind bei einer Teilnahme erforderlich: Schwimmen 1,9 km, Rad 90 km und Laufen 21,1 km. Der Proband gibt keine Zeitvorschrift an, somit gilt es für ihn in erster Linie das Erreichen der Gesamtdistanz. Herr M. besitzt zwar eine sehr gute Fitness, hat allerdings keine Erfahrung bezüglich einer Teilnahme an einem Triathlon.

Als Grobziel gilt es nun die bisherige Ausdauerleistung/Wattleistungsfähigkeit (5,16Watt/Kg) zu erhöhen. Der Proband wird im ersten Trainingsverlauf darauf hinarbeiten müssen die einzelnen Teildistanzen zu absolvieren, bevor sukzessiv die Gesamtstrecke vollzogen wird. Regelmäßige Re- Tests lassen eine geschicktere Dokumentation der Leistungsentwicklung bei der Zielerreichung von 0,3 Watt/Kp in drei Monaten zu (vgl. Tab. 7, S. 8).

Körperfettreduktion 3:
Die Nennung der „athletischen Körperform" wurde als ein weiteres wichtiges Motiv genannt. Der jetzige Körperfettanteil liegt bei 13,9% (11,68Kg), dieser Bereich wird als normal eingestuft (vgl. Tab. 4, S. 5), demnach also im gesundheitlich ungefährlichen Bereich. Die Ableitung ist eine Körperfettreduktion um 3% (2,52Kg) (vgl. Tab. 7, S. 8). Im Grunde kann davon ausgegangen werden, dass bei einem erhöhten Körperfettanteil eine Reduzierung von 250-500g Fett pro Woche angestrebt werden kann (vgl. Reiß, Fikenzer 2013b, S. 42).

Aufgrund dessen, das der Körperfettanteil bereits im normalen Bereich liegt und der Fitnesszustand auf einem hervorragenden Niveau ist, kann man eine reduziertere Körperfettreduktionsrate erwarten. Ein durchaus realistischer Wert pro Woche wäre eine Reduktion von 210g anzustreben. Umgerechnet auf das Grobziel sind das 2,52 Kg in drei Monaten (vgl. Tab. 7, S. 8).

Andere essentielle Faktoren zur Körperfettreduktion wie Krafttraining und angepasste Ernährung sind begleitende Elemente die beachtet werden sollten. Im Rahmen der Einsendeaufgabe ist das nicht von Relevanz.

3 Trainingsplanung Mesozyklus

3.1 Grobplanung Mesozyklus

Tab.8: Grobplanung, (eigene Darstellung 2016)

Dauer des Mesozyklus	6 Wochen
Trainingsziel	Verbesserung der aerob-anaeroben Fitness (VO2max), Entwicklung GA (GA2), Fettreduktion, Ökonomisierung der Herzarbeit→Reduzierung Blutdruck
Belastungsumfang/Woche	3 Stunden
Trainingsmethoden	Regenerative DM (Dauermethode) Extensive DM Variable DM Intensive DM Extensive IM (Intervallmethode)
Trainingsintensität	50-60% Hfmax (regenerativ DM) 60-70% Hfmax (extensiv DM) 70-85% Hfmax (variable DM) 80-85% Hfmax (intensive DM) 80-90% Hfmax (extensive IM)
Pulsober- und untergrenzen	Regenerative DM: 88-105 S/min Extensive DM: 105-123,2 S/min Variable DM: 123,2-149,6 S/min Intensive DM: 140,8-149,6 S/min Extensive IM: 140,8-158,4 S/min
Trainingshäufigkeit/Woche	3 mal
Dauer pro TE (Trainingseinheit)	40 min (regenerativ) 30-90 min (extensiv DM) 30-60 min (variable DM) 20-45 min (intensive DM) 20-45 min (extensiv IM)
Trainingsgeräte	Laufband, Crosstrainer, Radergometer

3.2 Detailplanung Mesozyklus

Tab.9: Detailplanung Mesozyklus, (eigene Darstellung 2016)

Woche 1	Mo	Mi	Fr
Trainingsziel	GA2	GA1/GA2	GA1
Trainingsmethode	Extensive IM	Variable DM	Extensive DM
Trainingsintensität	85-90 % Hfmax	75-80 % Hfmax	65-75% Hfmax
Herzfrequenzen	149,6-158,4 S/min	132-140,8 S/min	114,4-132 S/min
Trainingsdauer	30 min	55 min	80 min
Trainingsgerät	Laufband	Radergometer	Crosstrainer
Woche 2	Mo	Mi	Fr
Trainingsziel	GA2	GA1/GA2	GA1
Trainingsmethode	Extensive IM	intensive DM	Extensive DM
Trainingsintensität	85-90 % Hfmax	80-85% Hfmax	65-75 % Hfmax
Herzfrequenz	149,6-158,4 S/min	140,8- 149,6 S/min	114,4-132 S/min
Trainingsdauer	35 min	45 min	90 min
Trainingsgerät	Laufband	Radergometer	Crosstrainer
Woche 3	Mo	Mi	Fr
Trainingsziel	GA2	GA2	GA1/GA2
Trainingsmethode	Extensive IM	Extensive IM	Variable DM
Trainingsintensität	85-90 % Hfmax	85-90 % Hfmax	70-80 % Hfmax
Herzfrequenz	149,6-158,4 S/min	149,6-158,4 S/min	123,2-140,8 S/min
Trainingsdauer	45min	40 min	70 min
Trainingsgerät	Laufband	Radergometer	Crosstrainer
Woche 4	Mo	Mi	Fr
Trainingsziel	GA2	GA2	REKOM
Trainingsmethode	Extensive IM	Extensive IM	Extensive DM
Trainingsintensität	85-90 % Hfmax	85-90 % Hfmax	50-60 % Hfmax
Herzfrequenz	149,6-158,4 S/min	149,6-158,4 S/min	88-105 S/min
Trainingsdauer	30 min	30 min	40 min
Trainingsgerät	Laufband	Radergometer	Crosstrainer
Woche 5	Mo	Mi	Fr
Trainingsziel	GA2	GA2	GA1/GA2
Trainingsmethode	Extensive IM	Extensive IM	Variable DM
Trainingsintensität	85-90 % Hfmax	85-90 % Hfmax	70-80 % Hfmax
Herzfrequenz	149,6-158,4 S/min	149,6-158,4 S/min	123,2-140,8 S/min
Trainingsdauer	50 min	50 min	80 min

Trainingsgerät	Laufband	Radergometer	Crosstrainer
Woche 6	**Mo**	**Mi**	**Fr**
Trainingsziel	GA2	GA2	GA1/GA2
Trainingsmethode	Extensive IM	Extensive IM	Variable DM
Trainingsintensität	85-90 % Hfmax	85-90 % Hfmax	70-80 % Hfmax
Herzfrequenz	149,6-158,4 S/min	149,6-158,4 S/min	123,2-140,8 S/min
Trainingsdauer	45 min	45 min	70 min
Trainingsgerät	Laufband	Radergometer	Crosstrainer

3.3 Begründung zum Mesozyklus

Die Detailplanung Mesozyklus in Tabelle 6 ist nach den Motiven und Wünschen von Herrn M. ausgearbeitet worden. Der zeitliche Verfügungsrahmen wurde mit drei Trainingseinheiten wöchentlich, drei Stunden im Gesamten, in die Trainingsplanung maximal ausgeschöpft. Die jeweiligen Ausdauereinheiten wurden auf den Montag, Mittwoch und Freitag gesetzt, um ein Fortlaufen der sonstigen Aktivitäten garantieren zu können. Die Dauer beträgt zwischen 30- 90 Minuten.

Hinsichtlich des Kundenwunsches, der Teilnahme eines Triathlons (Halbdistanz), ist eine enorme langfristige Leistungsfähigkeit Grundvoraussetzung für ein erfolgreiches Bestehen. Herr M. bringt mit 5,16 Watt/kg Körpergewicht (vgl. Tab. 5 S. 6) bereits eine sehr gute Ausdauerleistungsfähigkeit mit. Um dies zu verbessern ist der Ausbau der Grundlagenausdauer (GA1) sowie der Verbesserung der aerob- anaeroben (GA2) Schwelle essenziell. Mit der extensiven DM, variablen DM, intensiven DM und der extensiven IM wird einerseits die Grundlagenausdauer als auch die anaeroben Schwelle verbessert. Des Weiteren wird durch diese Methoden ebenfalls eine Ökonomisierung der Herzarbeit bei gleichzeitiger Senkung des Blutdrucks erreicht (Zintl & Eisenhut, 2001 S. 68).

Der Trainingsumfang der GA1 von 40-90 Minuten dient besonders der Körperfettverbrennung, welches als Wunschmotiv formuliert wurde. Beim GA1 Training ist ein hoher Trainingsumfang erforderlich, da die Belastungsdauer den essenziellen Trainingsreiz für den jeweiligen Anpassungsprozess gibt. Die Trainingsintensität liegt dabei zwischen 60- 75% Hfmax (vgl. Harre et al. 2008, S. 351). Das GA1 Training beginnt mit 80 Minuten und wird in der zweiten Woche auf 90 Minuten gesteigert. In der dritten Woche wird die Reizschwelle mittels einer Belastungsintensitätssteigerung neu angesetzt. Die Einhaltung der progressiven Belastungssteigerung wird dabei bedacht. Unter

Berücksichtigung des Leistungszustandes von Herr M. ist die variable DM die sinnvollste Lösung, da variable Trainingsreize zu permanenten Anpassungserscheinungen im Körper führen können.

Der Wechsel zwischen niederer- und höherer Belastungsintensität trägt ebenso dazu bei, dass ein Wechsel zwischen aerob- bzw. anaerober Stoffwechsel stattfindet. Die allgemeine Belastungsintensität bei der variablen DM liegt zwischen 70- 85% Hfmax (vgl. Harre et al. 2008, S. 349f). Die erste Einheit mit der variablen DM beginnt mit 70 Minuten und wird in der fünften Woche mit einer Belastungsprogression von 10 Minuten gesteigert. Sie dient dem Ausbau der Grundlagenausdauer.

Die Trainingsintensität für den Breitensportler liegt üblicherweise zwischen 60- 75% Hfmax. Aufgrund dessen, dass Herr M. als Leistungssportler bewertet wurde, kann das GA1 Training bis zu 80% Hfmax angepasst werden (vgl. Neumann et al. 2007, S. 131).

In der vierten Woche findet aufgrund der kontinuierlich gesteigerten Belastung eine REKOM- Einheit statt, diese dient der Regeneration und wird mit einer geringen Intensität vollzogen 50- 60% Hfmax (Hottenrott 2006).

Die GA2 extensive IM, welche anfangs einmal die Woche (Montag) durchgeführt wird, dient dem Ausbau der anaeroben Schwelle und zur Förderung und Entwicklung der Grundlagenausdauer. Die Intensität liegt hierbei zwischen 80- 90% Hfmax und nimmt konstant an Dauer der Trainingseinheit zu. Ab der dritten Woche findet zweimal wöchentlich (Montag und Mittwoch) eine extensive IM statt.

Die Regenerationszeit zwischen den unterschiedlichen intensiven Ausdauerbelastungen wird sowohl bei der GA1 mit ein bis zwei Tagen als auch bei GA2 mit zwei Tagen eingehalten (vgl. Zintel, Eisenhut 2001, S. 37-48). Dauerhaftigkeit und Kontinuität wird mit den drei Einheiten pro Woche gewährleitet, um gewünschte Anpassungseffekte zu erhalten. Die progressiven Belastungssteigerungen sollen durchgehend neue Adaptionen hervorrufen, um letztendlich den Triathlon laufen zu können.

Das Prinzip des optimalen Verhältnisses von Belastung und Erholung steht im Verhältnis von 2:1. Wobei der Montag und Mittwoch die Belastung und Freitag die Erholung darstellt. Erholung dient regenerativen Beweggründen und schlussendlich dem Schutz vor Übertraining. Mit dem Eingangsgespräch bzw. Eingangstest kann die Individualität sichergestellt werden. Somit auch der aufbauende Plan für den Mesozyklus von Herrn M. Die variierenden Belastungsgefüge innerhalb der Gerätewechsel (Laufband, Radergometer, Crosstrainer) verhindern Monotonie und sichern gleichzeitig mit der Beteiligung von großen Muskeln (allgemeine Ausdauer >1/6 der Gesamtmuskelmasse) den geforderten Fettabbau.

4 Literaturrecherche

Studie eins, eine Dissertation mit dem Titel „Effekte eines 12-wöchigen Ausdauertrainings auf die körperliche Leistungsfähigkeit und den psychischen Zustand von Patienten mit isolierter systolischer Hypertonie" (Meißner 2011, S. 1). Sie stammt aus der Medizinischen Klinik mit Schwerpunkt Hämatologie und Onkologie der Medizinischen Fakultät Charité – Universitätsmedizin Berlin.

Die Arbeit untersucht die Auswirkungen eines zwölfwöchigen Trainingsprogramms, auf die körperliche Leistungsfähigkeit von älteren Patienten mit einer isolierten systolischen Hypertonie (ISH). Ebenso wurde das Auftreten von Blutdruckspitzen während des Trainings und der Spiroergometrien untersucht. Tabelle sieben, beschreibt die genannte Dissertation näher.

Tab.10: Studie eins, (eigene Darstellung)

Thema	„Effekte eines 12-wöchigen Ausdauertrainings auf die körperliche Leistungsfähigkeit und den psychischen Zustand von Patienten mit isolierter systolischer Hypertonie"
Forscher	Romy Meißner
Jahr der Publikation	09.09.2011
Welche Versuchspersonen haben teilgenommen	Probandenanzahl: • 57 Probanden (schlussendlich ausgewertet wurden 51 Teilnehmer) Einschlusskriterien: • Isolierter systolischer Bluthochdruck (systolisch > 140 mmHg, diastolisch ≤ 90 mmHg) • Alter ≥ 60 Jahre Ausschlusskriterien: • Regelmäßige sportliche Betätigung innerhalb der letzten 12 Wochen vor Beginn der Studie • Periphere arterielle Verschlusskrankheit >IIa • Aorteninsuffizienz bzw. Stenose > I. Grades • Hypertrophe obstruktive Kardiomyopathie (HOCM) • Herzinsuffizienz > NYHA II • Absolute Arrhythmien mit hämodynamischer Relevanz • Systolischer Blutdruck > 180 mmHg • Ischämiezeichen im EKG der Eingangsuntersuchung

	• Veränderungen der medikamentösen antihypertensiven Therapie in den letzten 6 Wochen (Meißner 2011, S. 17).
Versuchsaufbau	Die 51 Teilnehmer wurden in zwei Gruppen aufgeteilt: • 27 Kontrollgruppe, davon 11 Männer und 16 Frauen • 24 Trainingsgruppe mit 13 Männern und 11 Frauen Anfang: • Die Eingangsuntersuchung (ebenso bei der Abschlussuntersuchung) beinhaltet eine Untersuchung der kardiorespiratorischen Funktion mittels einem Ruhe- und Belastungs-EKG, eine Laufband-Spiroergometrie, eine 24-Stunden-Langzeitblutdruckmessung und eine Echokardiografie des Herzens. • Das Training wurde dreimal wöchentlich durchgeführt, insgesamt 36 Trainingstage. Trainingsgerät: • Laufbandspiroergometrie Geschwindigkeit/Intensität: • Die Eingangsgeschwindigkeit liegt bei drei Meilen pro Stunde bei einer Steigung von null Prozent. Bei konstanter Geschwindigkeit wird im Dreiminutentakt eine zweieinhalb prozentige Steigerung bis zur vollkommenen Belastung durchgeführt. • Nach Belastungsabbruch werden Blutdruck, Herzfrequenz, Laktatkonzentration und die subjektive Befindlichkeit nach der Borg-Skala bestimmt. (Meißner 2011, S. 18Ff.).
Relevante Ergebnisse	Trainingsgruppe: • 185,2 ± 5,7 mmHg systolischer Blutdruck Eingangsuntersuchung • 153,8 ± 5,9 mmHg systolischer Blutdruck Ausgangsuntersuchung Kontrollgruppe: • 189,3 ± 5,6 mmHg systolischer Blutdruck Eingangsuntersuchung • 167,1 ± 5,3 mmHg systolischer Blutdruck Eingangsuntersuchung

Schlussfolgerungen	Anhand der Studie konnte belegt werden, dass eine hoch signifikante Verbesserung des systolischen Blutdruck-Wertes (Reduzierung um 31,4 mmHg) mittels eines zwölfwöchigen Ausdauertrainings erreicht werden kann. Laut aktuellen Untersuchungen ist ein Absinken der Blutdruckwerte von 10-15 mmHg systolisch als Durchschnitt zu erwarten, was dieses Ergebnis als ziemlich fragwürdig erscheinen lässt. Diese Studie betrachtet allerdings den Belastungsblutdruck, nicht den Ruheblutdruck.

Studie zwei

Die zweite Studie, eine Dissertation mit dem Titel „Effekte eines bewegungstherapeutischen Programmes in Kombination mit Irbesartan versus Metoprolol auf Kreislaufregulation, Metabolismus, Leistungsfähigkeit und Lebensqualität bei Patienten mit arterieller Hypertonie" (Seeber 2008, S. 1). Sie wurde an der Deutschen Sporthochschule Köln Institut Für Kreislaufforschung Und Sportmedizin durchgeführt. Die nähere Erläuterung wird in folgender Tabelle aufgeführt.

Tab.11: Studie zwei, (eigene Darstellung)

Thema	Effekte eines bewegungstherapeutischen Programmes in Kombination mit Irbesartan versus Metoprolol auf Kreislaufregulation, Metabolismus, Leistungsfähigkeit und Lebensqualität bei Patienten mit arterieller Hypertonie
Forscher	Kerstin Seeber
Jahr der Publikation	Köln 2008
Welche Versuchspersonen haben teilgenommen	Probandenanzahl: • 42 Teilnehmer (Randomisiert 39 Patienten) • 11 Weibliche, 31 Männliche Patienten im Alter von 30-70 Jahren mit einer Hypertonie (WHO Schweregrad I-II). Der diastolische Blutdruck liegt dabei ≥ 95 mmHg nach einer 14-tägigen wash-out Phase (Patienten setzten Schrittweise ihre antihypertensiven Medikamente ab). Ausschlusskriterien: • Patienten mit schwerer Hypertonie (WHO Schweregrad III), • bekannter sekundärer Hypertonie,

	- KHK
- Herzinsuffizienz
- Herzinfarkt innerhalb der letzten 3 Monate vor Aufnahme in die klinische Prüfung
- Ebenfalls wurden Teilnehmer, die einen Blutdruck von ≥ 180 / 110 mmHg nach der wash-out Phase aufwiesen ausgeschlossen.
- (Weitere vgl. Seeber 2008, S. 44f)
Versuchsaufbau	- Der Untersuchungszeitraum für die Patienten ging über 10 Wochen. Sie wurde unterteilt in Irbesartan versus Metoprolol.
- Innerhalb dieser Zeit wurden fünf Untersuchungen durchgeführt
- Ein achtwöchiges Ausdauertraining mit insgesamt vier Stunden Training in der Woche fand parallel dazu statt. Davon jeweils zwei Mal eine Stunde Walking pro Woche und zwei Mal eine Stunde Radfahren.
- Die Belastungsintensität lag dabei zwischen 60-80 % (Herzfrequenz wurde bei jedem individuell ermittelt), entsprechend einem extensiven Ausdauertraining. Zur Belastungskontrolle wurden Pulsuhren ausgegeben.
- Mittels Tagebuchführung wurden Blutdruckwerte, die Strecke und Zeit von Walking- und Radfahreinheiten festgehalten.
- „Zur Bestimmung der Leistungsfähigkeit wurde ein spiroergometrischer Stufentest (WHO Schema) durchgeführt" (Seeber 2008, S.57).
Relevante Ergebnisse	Die Ruheherzfrequenz wurde an allen fünf Untersuchungstagen morgens vollzogen:
- Gruppe Metropolol 146,95 ± 14,09 mmHg systolischer, 92,11 ± 11 mmHg diastolisch Blutdruck <u>Eingangsuntersuchung</u>.
- Gruppe Metropolol 138,41 ± 14,78 mmHg systolischer, 85,32 ± mmHg diastolisch Blutdruck <u>Ausgangsuntersuchung.</u>
- Gruppe Irbesartan 150,73 ± 16,16 mmHg systolischer, 93,65 ± 10,2 mmHg diastolisch Blutdruck <u>Eingangsuntersuchung.</u>
- Gruppe Irbesartan 144,1 ± 14,28 mmHg systolischer, 90,08 ± 8,3 mmHg diastolisch Blutdruck <u>Ausgangsuntersuchung.</u>
Schlussfolgerungen	In beiden Gruppen verringerte sich der systolische sowie diastolische Blutdruck innerhalb der Interventionsphase signifikant.

5 Literaturverzeichnis

Haare, H-D. & Krug, J. & Schnabel, D. (2008): Trainingslehre- Trainingswissenschaft: Leistung, Training, Wettkampf. Aachen: Meyer & Meyer.

Hottenrott, K. (2006): Trainingskontrolle mit Herzfrequenz-Messgeräten. Aachen: Meyer & Meyer.

Meißner, R. (2011): Effekte eines 12-wöchigen Ausdauertrainings auf die körperliche Leistungsfähigkeit und den psychischen Zustand von Patienten mit isolierter systolischer Hypertonie. URL: http://www.diss.fu-berlin.de/diss/servlets/MCRFileNodeServlet/FUDISS_derivate_000000009658/Dissertation.pdf; (Zuletzt geprüft am 27.12.2016).

Neumann, G., Pfützner, A. & Berbalk, A. (2007): Optimiertes Ausdauertraining (5. überarbeitete Auflage). Aachen: Meyer & Meyer.

Seeber, K. (2008): Effekte eines bewegungstherapeutischen Programmes in Kombination mit Irbesartan versus Metoprolol auf Kreislaufregulation, Metabolismus, Leistungsfähigkeit und Lebensqualität bei Patienten mit arterieller Hypertonie. URL: http://esport.dshs-koeln.de/78/1/Dissertation_Kerstin_Seeber.pdf; (Zuletzt geprüft am 27.12.2016).

Reiß, M. & Fikenzer, S. (2013a): Studienbrief Trainingslehre 1- Gesundheitsorientiertes Krafttraining. Unveröffentlichtes Studienmaterial der Deutschen Hochschule für Prävention und Gesundheitsmanagement in Saarbrücken.

Reiß, M. & Fikenzer, S. (2013b): Studienbrief Trainingslehre 1- Gesundheitsorientiertes Krafttraining. Unveröffentlichtes Studienmaterial der Deutschen Hochschule für Prävention und Gesundheitsmanagement in Saarbrücken.

Zintl, F. & Eisenhut, A. (2001): Ausdauertraining. Grundlagen – Methoden - Trainingssteuerung (5. Auflage). München: BVL Sportwissen.

6 Tabellenverzeichnis

Tab.1: Allgemeine biometrische Daten (eigene Darstellung, 2016)

Tab. 2: Gewichtsklassifikation bei Erwachsenen anhand des BMI (nach WHO, 2000) URL: http://www.adipositas-gesellschaft.de/index.php?id=39; (Zuletzt geprüft am 27.12.2016).

Tab. 3: Blutdruckklassifikationen der Deutschen Hochdruckliga (Stand 12.2016) URL: https://www.bing.com/images/search?q=blutdrucktabelle+hochdruckliga&view=detailv2&&id=CDC648BE571AA593ECF2422086CE865FA8EE85EA&selectedIndex=1&ccid=6TyGEF7G&simid=607997272502961098&thid=OIP.Me93c86105ec65ce4f480c0fae0f6e605o0&ajaxhist=0; (Zuletzt geprüft am 27.12.2016)

Tab. 4: Klassifikation des Körperfettanteils (KFA) für Erwachsene Frauen und Männer bis 79 Jahre (Gallagher et al., 2000)

Tab.5: Testablauf des Vita-Maxima-Test (eigene Darstellung, 2016)

Tab.6: Normwerte Vita-Maxima-Test- Relative Watt-Soll-Leistung (Watt pro kg Körpergewicht) für Männer (modifiziert nach Kindermann, 1987, S. 244-268)

Tab.7: Zielsetzung/Prognose (eigene Darstellung, 2016)

Tab.8: Grobplanung, (eigene Darstellung 2016)

Tab.9: Detailplanung Mesozyklus, (eigene Darstellung 2016)

Tab.10: Studie eins, (eigene Darstellung)

Tab.11: Studie zwei, (eigene Darstellung)

BEI GRIN MACHT SICH IHR WISSEN BEZAHLT

- Wir veröffentlichen Ihre Hausarbeit, Bachelor- und Masterarbeit

- Ihr eigenes eBook und Buch - weltweit in allen wichtigen Shops

- Verdienen Sie an jedem Verkauf

Jetzt bei www.GRIN.com hochladen und kostenlos publizieren